ÉMILIE LARAISON ET LENE KNUDSEN

UN FOUR ET C'EST TOUT

Un four, un plat et c'est prêt !

Facile et bon !

pour les nuls

ISBN : 978-2-412-09669-7
Dépôt légal : août 2024
Imprimé en Chine

Mise en page : Nord Compo
Recettes : © Émilie Laraison : p. 6-58, 64-102, 108-178, 216-244 ; © Lene Knudsen : p. 60-62, 104, 180-212.
Photographies des recettes : © Émilie Laraison : 7-59, 65-103, 109-179, 217-245, © Lene Knudsen : p. 61-32, 181-213.
Photographies des ingrédients : © Adobe Stock, iStock sauf : crozet, p. 6 ; confit de canard, p. 16, écrevisses, p © Émilie Laraison.

Éditions First, un département d'Édi8
92, avenue de France
75013 Paris – France
Tél. : 01 44 16 09 00
e-mail : firstinfo@efirst.com
Site Internet : www.lisez.com

Viandes

Croziflette

PRÉPARATION : **5 MINUTES**
CUISSON : **30 MINUTES**

×4

LISTE DE COURSES

300 g de crozets nature

5 tranches de jambon cru de Savoie

1 reblochon

50 cl de crème fraîche

1 oignon

❶ Faites cuire les crozets 15 minutes à l'eau bouillante salée. Préchauffez le four à 180 °C (th. 6).

❷ Épluchez et émincez l'oignon. Coupez le jambon en fines lanières et le reblochon en dés. Faites revenir l'oignon 5 minutes.

❸ Égouttez les crozets et versez-les dans un plat à gratin, ajoutez le jambon cru, l'oignon, la moitié du reblochon et la crème fraîche.

❹ Mélangez et répartissez le reste de reblochon sur le dessus. Faites gratiner 10 minutes.

Cuisses de poulet au basilic

PRÉPARATION : **10 MINUTES**
CUISSON : **1 HEURE 30**

×6

LISTE DE COURSES

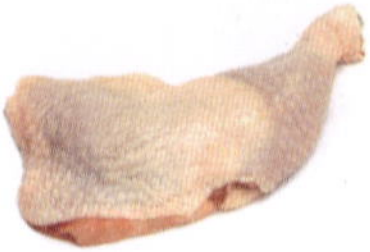

6 belles cuisses de poulet

1 botte de basilic

600 g de pommes de terre

300 g de tomates cerises

6 gousses d'ail

1 cuil. à café de piment d'Espelette

❶ Dans un plat allant au four, disposez les cuisses de poulet, les gousses d'ail entières, les pommes de terre coupées en quatre, les tomates cerises, les feuilles et les tiges de basilic hachées.

❷ Arrosez d'huile d'olive, salez, poivrez et saupoudrez de piment d'Espelette.

❸ Préchauffez le four à 150 °C (th. 5) et enfournez pour 1 heure 30.

Poulet rôti au citron et au romarin

PRÉPARATION : **10 MINUTES**
CUISSON : **1 HEURE 30**

×4

LISTE DE COURSES

1 poulet

2 citrons (bio de préférence)

2 branches de romarin

❶ Coupez 1 citron en petits morceaux, farcissez le poulet avec et ajoutez 1 branche de romarin.

❷ Salez, poivrez le poulet et versez un filet d'huile d'olive.

❸ Coupez le second citron en fines tranches et disposez-les sur le poulet avec la seconde branche de romarin émiettée.

❹ Préchauffez le four à 160 °C (th. 5/6) et enfournez pour 1 heure 30, en arrosant de temps en temps le poulet avec son jus.

Épaule d'agneau harissa et pommes de terre

PRÉPARATION : **15 MINUTES**
CUISSON : **50 MINUTES**

×6

LISTE DE COURSES

1 épaule d'agneau

1 kg de pommes de terre

1 grosse tomate

2 cuil. à soupe de harissa

2 feuilles de laurier

❶ Épluchez les pommes de terre. Coupez-les ainsi que la tomate en fines rondelles, placez-les au fond d'un plat huilé, salez et poivrez.

❷ Préchauffez le four à 210 °C (th. 7). Frottez l'épaule d'agneau avec la harissa.

❸ Posez la viande sur les pommes de terre et badigeonnez-la d'huile d'olive.

❹ Salez et poivrez le tout, ajoutez les feuilles de laurier et enfournez pour 50 minutes.

Gratin de macaronis jambon-fromage

PRÉPARATION : **10 MINUTES**
CUISSON : **35 MINUTES**

×6

LISTE DE COURSES

500 g de macaronis

4 tranches de jambon blanc

40 g de beurre

20 cl de crème fraîche épaisse

60 g de gruyère râpé

10 brins de ciboulette

❶ Préchauffez le four à 240 °C (th. 8). Faites cuire les macaronis *al dente* (environ 8 minutes), puis égouttez-les.

❷ Coupez le jambon en lamelles. Lavez et ciselez la ciboulette.

❸ Beurrez un plat à gratin. Mélangez les macaronis, le jambon, le reste de beurre, la crème, la ciboulette ciselée et le fromage.

❹ Versez dans le plat et enfournez pour 25 minutes.

Parmentier de confit de canard

PRÉPARATION : **15 MINUTES**
CUISSON : **30 MINUTES**

×4

LISTE DE COURSES

2 cuisses de canard confites en conserve

800 g de pommes de terre

1 oignon rouge

15 cl de lait

4 pincées de noix muscade

100 g de roquette

❶ Faites revenir l'oignon haché avec la chair de canard dans 1 cuil. à soupe de graisse de canard, 10 minutes.

❷ Faites cuire les pommes de terre pelées à l'eau, égouttez et écrasez-les en purée avec le lait, du sel, du poivre et la muscade.

❸ Préchauffez le four à 180 °C (th. 6). Dans un plat à gratin, déposez la viande et recouvrez de purée.

❹ Enfournez pour 15 minutes. Servez accompagné de roquette.

Rôti de bœuf en croûte

PRÉPARATION : **15 MINUTES**
CUISSON : **35 MINUTES**

×4

LISTE DE COURSES

1 rôti de bœuf

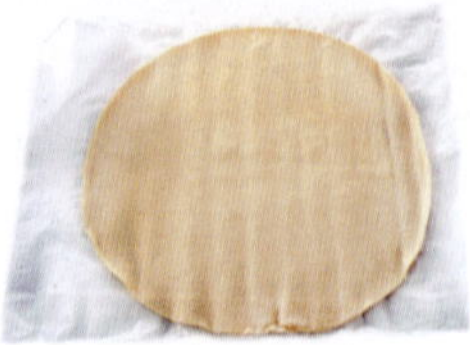

1 pâte feuilletée

1 œuf

1 botte de basilic

50 g de parmesan

100 g de pignons de pin

❶ Faites dorer les pignons de pin. Mixez-les avec les feuilles de basilic, le parmesan, un peu d'huile d'olive, du sel et du poivre.

❷ Préchauffez le four à 190 °C (th. 6). Faites dorer le rôti de tous les côtés 3 minutes dans une poêle bien chaude. Laissez refroidir.

❸ Enduisez-le de pesto et enroulez-le dans la pâte feuilletée.

❹ Badigeonnez la pâte d'œuf battu et enfournez pour 30 minutes.

Rôti de porc aux pommes

PRÉPARATION : **15 MINUTES**
CUISSON : **1 HEURE 15**

×6

LISTE DE COURSES

1 rôti de porc

6 pommes

10 feuilles de sauge

25 cl de cidre brut

30 cl de bouillon de légumes

1 cuil. à café de fond de veau

❶ Préchauffez le four à 180 °C (th. 6).

❷ Placez le rôti dans un plat, salez, poivrez, versez le cidre et le bouillon. Ajoutez les feuilles de sauge et enfournez pour 30 minutes.

❸ Épluchez et coupez les pommes en quartiers. Ajoutez-les dans le plat. Enfournez à nouveau pour 40 minutes à 190 °C.

❹ Versez le jus dans une casserole avec le fond de veau et faites réduire 5 minutes. Servez le rôti avec cette sauce.

Travers de porc à l'américaine

PRÉPARATION : **10 MINUTES**
CUISSON : **1 HEURE**

×4

LISTE DE COURSES

500 g de travers de porc

2 cuil. à soupe de sauce soja

2 cuil. à soupe de miel

le jus d'1 citron

1/2 cuil. à café de gingembre

❶ Préchauffez le four à 180 °C (th. 6). Dans un bol, mélangez la sauce soja, le miel, le jus de citron et le gingembre. Salez et poivrez.

❷ Badigeonnez les travers de porc de cette préparation et disposez-les dans un plat allant au four.

❸ Enfournez pour 1 heure en arrosant les travers de sauce à mi-cuisson.

Gratin de raclette

PRÉPARATION : **20 MINUTES**
CUISSON : **25 MINUTES**

×4

LISTE DE COURSES

800 g de pommes de terre

50 cl de crème liquide

8 tranches de fromage à raclette

4 tranches de jambon fumé

1 oignon

❶ Préchauffez le four à 200 °C (th. 6-7). Lavez, pelez et coupez les pommes de terre en rondelles. Faites-les cuire 10 min à l'eau bouillante avec une pincée de noix de muscade.

❷ Pelez et émincez l'oignon. Dans une poêle, versez 1 cuil. à café d'huile d'olive et faites revenir l'oignon 3 min.

❸ Beurrez le fond d'un plat allant au four, déposez les pommes de terre en rondelles, le jambon en lamelles, puis la crème et terminez par le fromage à raclette.

❹ Enfournez pour 10 min.

Hachis Parmentier

PRÉPARATION : **20 MINUTES**
CUISSON : **45 MINUTES**

×6

LISTE DE COURSES

600 g de bœuf haché

500 g de pommes de terre

500 g de patates douces

2 gousses d'ail

40 cl de lait

3 cuil. à soupe de chapelure

❶ Préchauffez le four à 180 °C (th. 6). Épluchez et coupez en morceaux les pommes de terre et les patates douces. Faites-les cuire 25 min dans une casserole d'eau bouillante salée.

❷ Pelez, dégermez et hachez l'ail. Faites-le revenir 10 min dans une poêle bien chaude avec 1 cuil. à soupe d'huile et le bœuf haché. Salez et poivrez.

❸ Égouttez les pommes de terre et les patates douces puis écrasez-les ensemble au presse-purée. Incorporez le lait. Salez et poivrez.

❹ Dans un plat à gratin, étalez la viande hachée. Recouvrez de purée puis saupoudrez de chapelure. Enfournez pour 20 min.

Gratin de blé et petits pois au gorgonzola

PRÉPARATION : **20 MINUTES**
CUISSON : **25 MINUTES**

×4

LISTE DE COURSES

500 g de blé précuit

300 g de petits pois

150 g de gorgonzola

150 g de lardons

60 g de noix

❶ Préchauffez le four à 200 °C (th. 7). Faites cuire le blé 10 min à l'eau bouillante salée.

❷ Dans une poêle, sans ajouter de matière grasse, faites dorer les lardons 3 min.

❸ Dans un plat, versez le blé, les lardons et les petits pois. Coupez le gorgonzola en tranches et disposez-les sur le dessus.

❹ Parsemez de noix concassées. Enfournez pour 15 min.

Gratin de bœuf et gnocchis

PRÉPARATION : **10 MINUTES**
CUISSON : **30 MINUTES**

×6

LISTE DE COURSES

800 g de gnocchis de pomme de terre

600 g de bœuf haché

2 gousses d'ail

400 g de tomates pelées concassées

10 cl de crème liquide entière

50 g de parmesan râpé

❶ Préchauffez le four à 180 °C (th. 6). Faites cuire les gnocchis dans une casserole d'eau bouillante salée jusqu'à ce qu'ils remontent à la surface. Égouttez-les.

❷ Pelez, dégermez et hachez l'ail. Dans une poêle bien chaude, faites revenir l'ail et la viande hachée avec 1 cuil. à soupe d'huile pendant 5 min.

❸ Ajoutez les tomates et la crème liquide. Salez, poivrez et laissez mijoter 10 min à feu moyen.

❹ Dans un plat à gratin, versez la préparation à la viande puis les gnocchis. Parsemez de parmesan et enfournez pour 15 min.

Gratin de bœuf et mozzarella

PRÉPARATION : **15 MINUTES**
CUISSON : **50 MINUTES**

×4

LISTE DE COURSES

800 g de bœuf haché

250 g de mozzarella

1 oignon

10 brins de persil

5 poivrons (jaunes, rouges, verts)

40 cl de coulis de tomate

❶ Préchauffez le four à 180 °C (th. 6).

❷ Pelez et émincez l'oignon. Dans une poêle bien chaude, faites revenir l'oignon et la viande hachée avec 1 cuil. à soupe d'huile pendant 10 min. Salez, poivrez et ajoutez le persil ciselé.

❸ Lavez, épépinez et coupez les poivrons en lanières. Tapissez-en le fond d'un plat à gratin. Étalez la viande puis le coulis de tomate. Coupez la mozzarella en tranches et disposez-les dessus.

❹ Enfournez pour 40 min.

Gratin de confit de canard

PRÉPARATION : **15 MINUTES**
CUISSON : **1 HEURE**

×6

LISTE DE COURSES

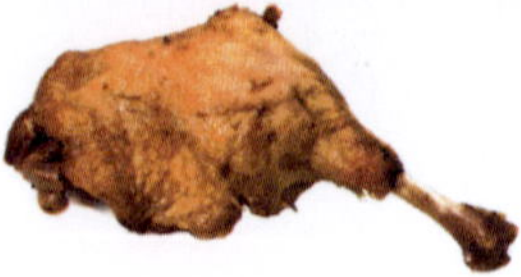

1,5 kg de confit de canard

1 kg de pommes de terre

1 oignon

25 cl de crème liquide

10 brins de ciboulette

200 g de gruyère râpé

❶ Préchauffez le four à 180 °C (th. 6).

❷ Épluchez et émincez l'oignon. Égouttez et émiettez le confit de canard. Épluchez les pommes de terre et coupez-les en rondelles fines.

❸ Étalez la moitié du confit et de l'oignon dans un plat à gratin. Disposez la moitié des rondelles de pomme de terre. Renouvelez l'opération. Versez la crème, salez, poivrez et parsemez de ciboulette ciselée.

❹ Parsemez de gruyère râpé et enfournez pour 1 h.

Gratin de coppa, pain et reblochon

PRÉPARATION : **10 MINUTES**
CUISSON : **30 MINUTES**

×4

LISTE DE COURSES

8 tranches de coppa

2 baguettes

1 reblochon

40 cl de crème liquide

2 œufs

10 brins de ciboulette

❶ Préchauffez le four à 180 °C (th. 6).

❷ Retirez la croûte du reblochon et taillez-le en lamelles. Coupez les baguettes en tranches.

❸ Dans un saladier, mélangez la crème, les œufs et la ciboulette ciselée. Salez et poivrez.

❹ Trempez les tranches de pain dans le mélange aux œufs. Disposez-les dans un plat à gratin en les intercalant avec du reblochon et des tranches de coppa. Versez le reste de crème et enfournez pour 30 min.

Gratin de filet mignon, petits pois et tomates

PRÉPARATION : **10 MINUTES**
CUISSON : **40 MINUTES**

×4

LISTE DE COURSES

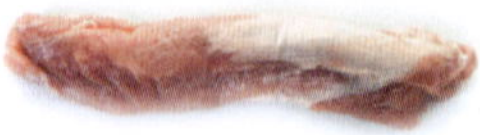
600 g de filet mignon

500 g de petits pois

4 tomates

1 échalote

200 g de comté râpé

5 branches de thym

❶ Préchauffez le four à 180 °C (th. 6).

❷ Pelez et émincez l'échalote. Coupez en morceaux le filet mignon et les tomates.

❸ Dans un plat à gratin, répartissez l'échalote et les morceaux de filet mignon. Arrosez d'un filet d'huile d'olive. Ajoutez les petits pois et les tomates. Salez, poivrez et ajoutez le thym.

❹ Parsemez de comté râpé et enfournez pour 40 min.

Lasagnes au poulet et aux champignons

PRÉPARATION : **15 MINUTES**
CUISSON : **40 MINUTES**

× 6

LISTE DE COURSES

500 g de feuilles de lasagnes

6 filets de poulet

600 g de champignons de Paris

6 brins de persil

40 cl de béchamel

100 g de parmesan râpé

❶ Préchauffez le four à 180 °C (th. 6).

❷ Coupez en morceaux les filets de poulet et les champignons. Faites-les revenir 10 min dans une poêle bien chaude avec 1 cuil. à soupe d'huile. Salez, poivrez et parsemez de persil ciselé.

❸ Au fond d'un plat à gratin, étalez ¼ de la préparation au poulet. Recouvrez d'¼ de béchamel et d'¼ de parmesan puis déposez une couche de lasagnes. Renouvelez l'opération 2 fois puis finissez par une couche de béchamel et de préparation au poulet.

❹ Enfournez pour 30 min.

Lasagnes aux tomates et au porc

PRÉPARATION : **20 MINUTES**
CUISSON : **1 HEURE**

×6

LISTE DE COURSES

500 g de lasagnes

750 g de chair de porc hachée

650 g de tomates pelées concassées

2 gros oignons blancs

60 cl de crème fleurette

150 g de parmesan râpé

❶ Pelez et émincez les oignons, faites-les dorer dans 1 cuil. à soupe d'huile d'olive dans une poêle.

❷ Ajoutez le porc haché, laissez cuire 5 min, puis 600 g de tomates pelées et la moitié de la crème fleurette, laissez mijoter à nouveau 5 min.

❸ Huilez un plat à four et disposez une couche de lasagnes, puis le tiers de la préparation et répétez l'opération deux fois.

❹ Sur la dernière couche de lasagnes, versez le reste de la crème fleurette mixée avec le reste de tomates pelées, saupoudrez de parmesan et enfournez pour 50 min à 180 °C (th. 6).

Moussaka grecque

PRÉPARATION : **15 MINUTES**
CUISSON : **1 HEURE 15**

×6

LISTE DE COURSES

750 g de bœuf haché

3 aubergines

500 g de coulis de tomate

1 cuil. à soupe de miel

1 grosse cuil. à café de cannelle en poudre

40 cl de béchamel

❶ Préchauffez le four à 200 °C (th. 6-7).

❷ Faites revenir la viande 5 min dans une poêle bien chaude avec 1 cuil. à soupe d'huile. Ajoutez le coulis de tomate, le miel et la cannelle. Salez et poivrez. Laissez mijoter 10 min à feu moyen.

❸ Lavez et coupez les aubergines en rondelles.

❹ Étalez la moitié de la préparation à la viande dans un plat à gratin. Disposez la moitié des rondelles d'aubergine. Renouvelez l'opération et recouvrez de béchamel. Enfournez pour 1 h.

Gratin de pâtes et saucisses

PRÉPARATION : **20 MINUTES**
CUISSON : **45 MINUTES**

×6

LISTE DE COURSES

500 g de macaronis

4 saucisses de Toulouse

1 oignon

300 g de champignons de Paris

2 cuil. à soupe de crème fraîche épaisse

100 g d'emmental râpé

❶ Préchauffez le four à 180 °C (th. 6). Faites cuire les pâtes dans une casserole d'eau bouillante salée, le temps indiqué sur le paquet. Égouttez-les.

❷ Épluchez et émincez l'oignon. Faites-le revenir 5 min dans une poêle chaude avec 1 cuil. à soupe d'huile d'olive.

❸ Émincez les champignons et coupez les saucisses en rondelles. Ajoutez-les dans la poêle ainsi que la crème fraîche. Laissez cuire 10 min à feu moyen.

❹ Ajoutez les pâtes à la préparation. Versez le tout dans un plat à gratin. Parsemez d'emmental râpé. Enfournez pour 30 min.

Gratin de porc et fenouil

PRÉPARATION : **15 MINUTES**
CUISSON : **30 MINUTES**

×6

LISTE DE COURSES

3 bulbes de fenouil

400 g de dés d'épaule de porc

1 oignon

15 cl de crème liquide

1 cuil. à café de paprika

70 g de gruyère râpé

❶ Préchauffez le four à 180 °C (th. 6). Épluchez et émincez l'oignon. Faites-le revenir 5 min dans une poêle bien chaude avec 1 cuil. à soupe d'huile. Étalez-le dans le fond d'un plat à gratin.

❷ Lavez et émincez les fenouils. Faites-les dorer 10 min dans la poêle avec 1 cuil. à soupe d'huile.

❸ Dans un saladier, mélangez la crème liquide, le paprika et les dés d'épaule. Salez et poivrez.

❹ Répartissez les lamelles de fenouil sur le lit d'oignon, puis recouvrez avec la préparation à base de crème. Parsemez de gruyère râpé et enfournez pour 15 min.

Gratin de poulet et potimarron

PRÉPARATION : **20 MINUTES**
CUISSON : **30 MINUTES**

×6

LISTE DE COURSES

6 filets de poulet

800 g de potimarron

1 échalote

15 cl de lait

50 g de beurre

6 tranches de pain d'épices

❶ Préchauffez le four à 180 °C (th. 6). Épluchez et coupez le potimarron en morceaux. Faites-les cuire 15 min à l'eau bouillante salée.

❷ Épluchez et émincez l'échalote. Taillez les filets de poulet en morceaux. Faites-les revenir 10 min dans une poêle bien chaude avec 1 cuil. à soupe d'huile et l'échalote.

❸ Égouttez le potimarron et écrasez-le à l'aide d'un presse-purée ou d'une fourchette. Incorporez le lait et le beurre. Salez et poivrez.

❹ Dans un plat à gratin, étalez le poulet. Recouvrez de purée de potimarron puis émiettez le pain d'épices dessus. Enfournez pour 15 min.

Tartiflette

PRÉPARATION : **15 MINUTES**
CUISSON : **1 HEURE 05**

× 8

LISTE DE COURSES

500 g de lardons fumés

2 kg de pommes de terre

2 reblochons

2 oignons

15 cl de lait écrémé

1 pincée de noix de muscade râpée

❶ Préchauffez le four à 200 °C (th. 6-7).

❷ Épluchez et émincez les oignons. Faites-les revenir 5 min dans une poêle bien chaude avec 1 cuil. à soupe d'huile et les lardons.

❸ Épluchez les pommes de terre et coupez-les en rondelles fines. Taillez les reblochons en lamelles. Dans un plat à gratin, alternez les couches de pommes de terre, de lardons et de reblochon.

❹ Dans un saladier, mélangez le lait et la muscade. Salez et poivrez. Versez dans le plat et enfournez pour 1 h.

Gratin d'aubergines au jambon de pays

PRÉPARATION : **20 MINUTES**
CUISSON : **25 MINUTES**

×6

LISTE DE COURSES

6 aubergines

12 tranches de jambon de pays

1 bûche de chèvre

200 g de riz

2 oignons

❶ Lavez et coupez les aubergines en lamelles. Émincez les oignons. Faites revenir le tout 5 min à la poêle avec 1 cuil. à soupe d'huile d'olive.

❷ Préchauffez le four à 180 °C (th. 6). Coupez la bûche de chèvre en morceaux. Faites cuire le riz à l'eau bouillante salée environ 10 min.

❸ Disposez une couche de riz, puis d'aubergines au fond d'un plat à four. Salez, poivrez. Ajoutez le jambon, puis le chèvre. Renouvelez jusqu'à épuisement des ingrédients. Enfournez pour 20 min.

Gratin de pommes de terre à la savoyarde

PRÉPARATION : **20 MINUTES**
CUISSON : **1 HEURE**

×8

LISTE DE COURSES

1 kg de pommes de terre

1 reblochon

40 cl de lait

8 tranches
de jambon de pays

100 g de crème fraîche

1 cuil. à café de noix
de muscade en poudre

❶ Préchauffez le four à 190 °C (th. 6-7). Épluchez les pommes de terre et coupez-les en rondelles fines. Coupez le fromage en morceaux.

❷ Beurrez un plat à gratin. Recouvrez le fond du plat de pommes de terre. Recouvrez de fromage. Renouvelez l'opération jusqu'à épuisement des ingrédients.

❸ Mélangez le lait avec la crème. Salez, poivrez et ajoutez la noix muscade.

❹ Versez sur les pommes de terre. Enfournez pour 1 h. 20 min avant la fin de la cuisson, déposez les tranches de jambon sur le gratin.

Lapin au potimarron, pommes de terre au four

PRÉPARATION : **20 MINUTES**
CUISSON : **30 MINUTES**

× 6

LISTE DE COURSES

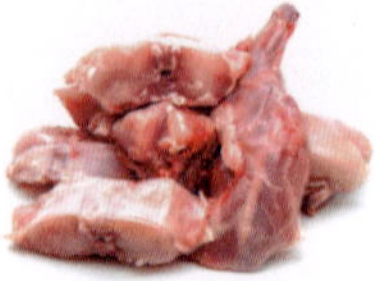

1,5 kg de lapin coupé en morceaux

500 g de potimarron

4 pommes de terre

1 cuil. à café d'herbes de Provence

❶ Préchauffez le four à 210 °C (th. 7). Lavez et épluchez les pommes de terre ; coupez-les en morceaux. Lavez le potimarron, coupez-le en morceaux et retirez les graines.

❷ Déposez les légumes dans un grand plat allant au four. Arrosez d'1 cuil. à soupe d'huile d'olive, salez et parsemez d'herbes de Provence.

❸ Enfournez pour 30 min.

Poulet, chorizo et pommes de terre au four

PRÉPARATION : **20 MINUTES**
CUISSON : **45 MINUTES**

×4

LISTE DE COURSES

4 cuisses de poulet

1 chorizo

2 courgettes

1 kg de pommes de terre

1 oignon rouge

❶ Préchauffez le four à 200 °C (th. 6-7). Pelez et émincez l'oignon.

❷ Coupez le chorizo en rondelles. Épluchez les pommes de terre ; coupez les courgettes et les pommes de terre en morceaux.

❸ Déposez tous les ingrédients dans un plat. Arrosez d'1 cuil. à soupe d'huile d'olive. Salez, poivrez.

❹ Enfournez pour 45 min.

Tian de courgettes, jambon et comté

PRÉPARATION : **20 MINUTES**
CUISSON : **30 MINUTES**

×4

LISTE DE COURSES

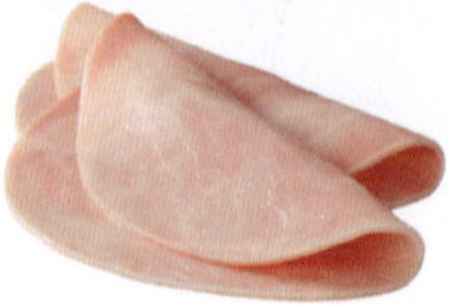

4 tranches de jambon blanc

600 g de courgettes

600 g de pommes de terre

200 g de comté

1 gousse d'ail

1 cuil. à café de thym

❶ Préchauffez le four à 180 °C (th. 6). Pelez les pommes de terre. Avec une mandoline ou un robot, coupez les courgettes et les pommes de terre en très fines rondelles.

❷ Coupez le comté et le jambon en morceaux. Frottez le fond du plat avec la gousse d'ail et badigeonnez d'huile d'olive.

❸ Disposez les tranches de courgettes et de pommes de terre en alternance avec le jambon et le fromage. Salez, poivrez. Parsemez de thym.

❹ Enfournez pour 30 min.

Plaque asperges et bacon

PRÉPARATION : **10 MIN**
CUISSON : **40 MIN**

×**4**

LISTE DE COURSES

20 asperges vertes

1 paquet de tranches de bacon fumé

1 c. à café de basilic séché

Huile d'olive

❶ Préchauffer le four à 200 °C.

❷ Rincer les asperges. Enrouler chaque tranche de bacon autour d'une asperge. Déposer les asperges, avec et sans bacon, alignées sur une plaque puis couvrir leurs têtes avec une bande de papier aluminium. Saler et poivrer, arroser d'huile d'olive et faire rôtir 35-40 minutes à 200 °C jusqu'à ce que les asperges soient fondantes et le bacon croustillant. Retourner les asperges au bacon plusieurs fois pendant la cuisson.

Poulet et pommes de terre hasselback

PRÉPARATION : **20 MIN**
CUISSON : **50 MIN**

×2

LISTE DE COURSES

5 pommes de terre

3 gousses d'ail épluchées

2 feuilles de laurier

2 cuisses de poulet

Huile d'olive

❶ Préchauffer le four à 200 °C. Entailler la chair des pommes de terre façon hasselback. Les répartir sur une plaque puis glisser de l'ail et des morceaux de feuille de laurier dans les entailles.

❷ Ajouter les cuisses de poulet sur la plaque. Saler et poivrer, arroser d'huile d'olive.

❸ Faire rôtir 45-50 minutes jusqu'à ce que les légumes soient fondants et la viande cuite.

Filet mignon façon Orloff et pommes de terre

PRÉPARATION : **20 MINUTES**
CUISSON : **30 MINUTES**

×4

LISTE DE COURSES

1 filet mignon de porc

10 tranches de coppa

2 boules de mozzarella

2 oignons

1 kg de pommes de terre

quelques feuilles de sauge

❶ Préchauffez le four à 180 °C (th. 6). Coupez la mozzarella en rondelles.

❷ Incisez le filet mignon sur toute sa longueur sans aller jusqu'au bout, de façon à ce que toutes les tranches restent attachées à leur base. Dans chaque incision, intercalez une tranche de mozzarella, une tranche de coppa et une feuille de sauge.

❸ Émincez les oignons. Placez-les dans le fond d'un plat à four. Disposez la viande par-dessus avec les pommes de terre épluchées et coupées en morceaux. Enfournez pour 30 min.

Poissons

Tian et cabillaud

PRÉPARATION : **15 MINUTES**
CUISSON : **20 MINUTES**

× 4

LISTE DE COURSES

1 dos de cabillaud
de 500 à 600 g

1 aubergine

2 courgettes

3 tomates

1 citron

2 branches de thym

❶ Lavez et coupez les légumes en fines tranches et disposez-les au fond d'un plat huilé.

❷ Disposez le dos de cabillaud dessus avec des rondelles de citron.

❸ Salez, poivrez, parsemez de thym, ajoutez un filet d'huile d'olive.

❹ Préchauffez le four à 210 °C (th. 7) et enfournez pour 20 min.

Gambas au fenouil

PRÉPARATION : **10 MINUTES**
CUISSON : **25 MINUTES**

×**4**

LISTE DE COURSES

12 gambas

2 bulbes de fenouil

8 carottes nouvelles

le jus de 2 citrons

❶ Préchauffez le four à 210 °C (th. 7). Pelez les carottes et coupez-les dans la longueur. Émincez le fenouil.

❷ Dans un grand plat allant au four, placez les légumes et les gambas.

❸ Arrosez de jus de citron, ajoutez un filet d'huile d'olive. Salez et poivrez.

❹ Enfournez pour 25 minutes.

Gratin de cabillaud et brocoli

PRÉPARATION : **10 MINUTES**
CUISSON : **40 MINUTES**

×6

LISTE DE COURSES

600 g de dos de cabillaud

2 petits brocolis

2 échalotes

80 g de beurre

80 g de farine

1 l de lait

❶ Préchauffez le four à 180 °C (th. 6). Épluchez et émincez les échalotes. Coupez les dos de cabillaud en morceaux.

❷ Lavez les brocolis et coupez les fleurettes. Faites-les cuire 10 min dans une casserole d'eau bouillante salée. Égouttez-les.

❸ Dans une casserole, faites fondre le beurre. Incorporez la farine puis versez le lait petit à petit, sans cesser de remuer jusqu'à ce que la sauce épaississe. Salez et poivrez.

❹ Dans un plat à gratin, étalez les échalotes puis les morceaux de cabillaud et les fleurettes de brocoli. Versez la béchamel et enfournez pour 20 min.

Daurade au four aux tomates

PRÉPARATION : **20 MINUTES**
CUISSON : **25 MINUTES**

×4

LISTE DE COURSES

2 daurades

1 citron

1 dizaine de tomates cerises

5 brins de thym

3 feuilles de laurier

❶ Préchauffez le four à 180 °C (th. 6). Rincez les daurades, essuyez-les et déposez-les dans un plat allant au four.

❷ Coupez le citron en rondelles et disposez-les sur les poissons, salez, poivrez.

❸ Ajoutez les tomates cerises, le thym et le laurier dans le plat, arrosez d'huile d'olive.

❹ Enfournez pour 25 minutes.

Gratin d'écrevisses

PRÉPARATION : **10 MINUTES**
CUISSON : **20 MINUTES**

×4

LISTE DE COURSES

200 g de queues d'écrevisses décortiquées

2 échalotes

20 cl de crème liquide

1 jaune d'œuf

1 cuil. à soupe de vin blanc

10 brins de ciboulette

❶ Préchauffez le four à 180 °C (th. 6).

❷ Épluchez et émincez les échalotes.

❸ Dans un saladier, mélangez la crème liquide, le jaune d'œuf et le vin blanc. Salez et poivrez. Ajoutez les échalotes et la ciboulette ciselée.

❹ Déposez les écrevisses dans un plat à gratin. Versez la préparation dessus et enfournez pour 20 min.

Gratin de pâtes thon-aubergines

PRÉPARATION : **15 MINUTES**
CUISSON : **45 MINUTES**

×6

LISTE DE COURSES

400 g de penne

2 aubergines

1 grosse boîte de thon au naturel (300 g)

20 cl de coulis de tomates

200 g de gruyère râpé

8 feuilles de basilic

❶ Faites cuire les penne *al dente* (environ 8 minutes) dans de l'eau bouillante salée. Préchauffez le four à 180 °C (th. 6).

❷ Coupez les aubergines en dés. Salez, poivrez et faites-les revenir dans une poêle avec de l'huile d'olive 5 minutes.

❸ Émiettez le thon et ajoutez-le avec le coulis de tomates, mélangez et laissez cuire 10 minutes.

❹ Ajoutez les pâtes égouttées, mélangez, versez dans un plat à gratin. Saupoudrez de gruyère, enfournez pour 20 minutes. Décorez de basilic ciselé.

Gratin de harengs et pommes de terre

PRÉPARATION : **15 MINUTES**
CUISSON : **45 MINUTES**

×6

LISTE DE COURSES

6 filets de harengs fumés

1 kg de pommes de terre

2 échalotes

2 yaourts grecs

1 citron

10 brins de ciboulette

❶ Préchauffez le four à 180 °C (th. 6). Épluchez les pommes de terre et taillez-les en rondelles.

❷ Pelez et émincez les échalotes. Coupez les filets de hareng en morceaux et mélangez-les avec les échalotes.

❸ Pressez la moitié du citron et taillez l'autre moitié en rondelles. Dans un saladier, mélangez les yaourts et le jus de citron. Salez et poivrez.

❹ Étalez la moitié des pommes de terre dans un plat à gratin huilé. Couvrez avec la préparation au hareng puis avec le reste des pommes de terre. Versez la sauce et disposez les rondelles de citron. Parsemez de ciboulette ciselée et enfournez pour 45 min.

Lasagnes aux deux poissons

PRÉPARATION : **20 MINUTES**
CUISSON : **1 HEURE**

×4

LISTE DE COURSES

1 boîte de lasagnes précuites

300 g de filets de cabillaud

300 g de pavés de saumon

25 cl de crème fraîche épaisse

40 cl de sauce tomate

100 g de gruyère râpé

❶ Faites cuire les filets de poisson 10 minutes au micro-ondes.

❷ Mélangez le poisson émietté, la crème et les trois quarts de la sauce tomate. Salez et poivrez. Préchauffez le four à 160 °C (th. 5/6).

❸ Huilez un plat et déposez : une couche de lasagnes, une couche de poisson-sauce tomate, répétez trois fois.

❹ Couvrez de la sauce tomate restante, parsemez de gruyère râpé et enfournez pour 50 minutes.

Gratin de lotte thaï

PRÉPARATION : **10 MINUTES**
CUISSON : **40 MINUTES**

×4

LISTE DE COURSES

4 filets de lotte

200 g de riz thaï

10 cl de lait de coco

1 cuil. à café de gingembre en poudre

2 citrons verts

❶ Préchauffez le four à 180 °C (th. 6). Pressez le jus d'un citron vert, râpez finement le zeste de l'autre et taillez-le en quartiers. Coupez les filets de lotte en morceaux.

❷ Faites cuire le riz dans une casserole d'eau bouillante salée 2 min de moins que le temps indiqué sur le sachet. Égouttez-le et mélangez-le avec le lait de coco et le gingembre.

❸ Étalez la préparation au fond d'un plat à gratin. Recouvrez avec les filets de lotte.

❹ Arrosez de jus de citron vert et parsemez de zeste. Salez et poivrez. Disposez les quartiers de citron vert et enfournez pour 30 min.

Gratin de morue et chorizo

PRÉPARATION : **15 MINUTES**
CUISSON : **30 MINUTES**

×4

LISTE DE COURSES

400 g de morue dessalée

100 g de chorizo doux

4 poivrons verts

75 g de chapelure

1 gousse d'ail

❶ Préchauffez le four à 200 °C (th. 6-7).

❷ Lavez, épépinez et coupez les poivrons en lamelles. Coupez la morue en morceaux.

❸ Coupez la moitié du chorizo en rondelles et hachez l'autre moitié. Mélangez le hachis à la chapelure.

❹ Frottez un plat à gratin avec la gousse d'ail pelée et huilez-le légèrement. Étalez les poivrons et les rondelles de chorizo. Déposez la morue. Répartissez la chapelure au chorizo et enfournez pour 30 min.

Parmentier de poisson

PRÉPARATION : **15 MINUTES**
CUISSON : **45 MINUTES**

×**4**

LISTE DE COURSES

4 filets de poisson blanc type cabillaud

2 oignons

800 g de pommes de terre

15 cl de lait

1 botte de ciboulette

40 g de noisettes

❶ Faites revenir 10 minutes les oignons et le poisson en morceaux dans une poêle huilée.

❷ Faites cuire les pommes de terre pelées 10 minutes à l'eau, égouttez-les et écrasez-les en purée avec le lait, du sel, du poivre et la ciboulette ciselée.

❸ Déposez le poisson dans un plat à gratin, recouvrez de purée et de noisettes préalablement concassées.

❹ Préchauffez le four à 180 °C (th. 6) et enfournez pour 25 minutes.

Gratin de pâtes et saumon

PRÉPARATION : **20 MINUTES**
CUISSON : **30 MINUTES**

×4

LISTE DE COURSES

400 g de farfalle

250 g de pavés de saumon

300 g d'épinards

20 cl de crème liquide

100 g d'emmental râpé

❶ Préchauffez le four à 200 °C (th. 6-7). Faites cuire les pâtes dans une casserole d'eau bouillante salée le temps indiqué sur le paquet. Égouttez-les.

❷ Rincez et égouttez les épinards. Mettez-les dans une casserole avec la crème et portez doucement à ébullition.

❸ Coupez le saumon en morceaux. Dans un plat à gratin, répartissez les pâtes et le saumon. Versez les épinards à la crème.

❹ Parsemez d'emmental râpé et enfournez pour 20 min.

Gratin de pétoncles et courgettes

PRÉPARATION : **10 MINUTES**
MARINADE : **15 MINUTES**
CUISSON : **20 MINUTES**

×4

LISTE DE COURSES

400 g de noix de pétoncles (avec leur corail)

5 courgettes

1 cuil. à café d'origan séché

½ cuil. à café de gingembre en poudre

5 brins de persil

100 g de pignons de pin

❶ Préchauffez le four à 180 °C (th. 6).

❷ Dans un plat, mélangez délicatement les noix de pétoncles, 3 cuil. à soupe d'huile d'olive, l'origan, le gingembre et le persil ciselé. Salez et poivrez. Laissez mariner 15 min.

❸ Lavez et taillez les courgettes en rondelles.

❹ Étalez la moitié des courgettes dans un plat à gratin huilé. Couvrez avec la moitié des noix de pétoncles et de leur marinade. Renouvelez l'opération. Parsemez de pignons de pin et enfournez pour 20 min.

Rôti de truite au persil

PRÉPARATION : **20 MINUTES**
CUISSON : **25 MINUTES**

×4

LISTE DE COURSES

2 grands filets de truite saumonée avec peau

100 g de tomates confites

4 gousses d'ail

150 g de fromage frais

100 g de persil

❶ Préchauffez le four à 160 °C (th. 5/6). Taillez les tomates confites en dés. Pelez et hachez l'ail. Effeuillez et ciselez le persil.

❷ Mélangez le fromage frais, l'ail, le persil et les tomates confites.

❸ Salez et poivrez les filets côté chair, déposez un filet dans un plat à four et recouvrez-le de fromage.

❹ Posez l'autre filet, côté peau à l'extérieur, et ficelez le tout comme un rôti. Enfournez pour 25 minutes.

Terrine de poisson à la tomate

PRÉPARATION : **20 MINUTES**
CUISSON : **40 MINUTES**
RÉFRIGÉRATION : **24 HEURES**

×6

LISTE DE COURSES

500 g de poisson blanc type cabillaud

4 cuil. à soupe de concentré de tomates

2 cuil. à café de Tabasco®

5 œufs

1 bouquet d'aneth

❶ Faites cuire le poisson 20 minutes à la vapeur, mixez-le avec le reste des ingrédients, salez et poivrez.

❷ Versez dans une terrine, fermez-la, puis placez-la au bain-marie (dans un plat plus grand avec un fond d'eau).

❸ Enfournez pour 20 minutes à 200 °C (th. 7).

❹ Laissez refroidir, puis réservez au réfrigérateur 24 heures avant de déguster.

Crumble de cabillaud aux courgettes

PRÉPARATION : **20 MINUTES**
CUISSON : **45 MINUTES**

×4

LISTE DE COURSES

400 g de cabillaud

4 courgettes

100 g de farine

100 g de beurre

100 g de comté râpé

15 noisettes

❶ Coupez les courgettes en morceaux. Dans une poêle, faites-les revenir 10 min à feu doux. Dans une casserole, mettez à cuire le cabillaud 5 min dans l'eau frémissante.

❷ Préchauffez le four à 200 °C (th. 6-7). Égouttez les courgettes et le poisson. Disposez le poisson émietté avec les courgettes dans un plat à four.

❸ Préparez le crumble. Mélangez la farine avec le beurre en dés et le comté, pour obtenir une texture sableuse.

❹ Disposez le crumble sur le dessus du plat. Ajoutez les noisettes grossièrement concassées. Enfournez pour 35 min.

Lotte au four, tomates et riz

PRÉPARATION : **20 MINUTES**
CUISSON : **30 MINUTES**

×4

LISTE DE COURSES

800 g de queue de lotte

100 g de tomates concassées

200 g de riz

1 citron

1 botte de persil plat

1 cuil. à soupe d'oignons frits

❶ Préchauffez le four à 210 °C (th. 7). Dans un plat à four, déposez le riz et versez dessus deux fois son volume d'eau bouillante salée. Enfournez pour 10 min.

❷ Ôtez la peau de la lotte. Pressez le citron et arrosez le poisson avec le jus. Disposez dans le plat avec les tomates concassées. Prolongez la cuisson de 20 min.

❸ Saupoudrez de persil ciselé et d'oignons frits.

Plaque betterave et limande

PRÉPARATION : **10 MIN**
CUISSON : **50 MIN**

×4

LISTE DE COURSES

3 betteraves crues

4 filets de limande

1 pincée de piment d'Espelette

1 poignée de fines pousses de salade mixte

Huile d'olive

❶ Préchauffer le four à 200 °C.

❷ Tailler les betteraves en quartiers. Déposer sur une plaque les légumes. Saler et poivrer, arroser d'huile d'olive et faire rôtir 35-40 minutes. Ajouter les filets de limande et arrosés d'huile d'olive puis poursuivre la cuisson 8-10 minutes. Les légumes doivent être fondants et dorés.

❸ À la sortie du four, retourner les betteraves dans l'huile puis servir avec la salade.

Légumes

Gratin d'asperges et chèvre

PRÉPARATION : **15 MINUTES**
CUISSON : **30 MINUTES**

×4

LISTE DE COURSES

800 g de pointes d'asperges

2 tomates

150 g de bûche de chèvre

30 cl de crème liquide

200 g d'emmental râpé

1 cuil. à soupe d'origan séché

❶ Préchauffez le four à 200 °C (th. 6-7). Faites cuire les pointes d'asperges 10 min à la vapeur.

❷ Coupez les tomates et la bûche de chèvre en rondelles.

❸ Dans un plat à gratin huilé, alternez les asperges, les tomates et le chèvre. Arrosez de crème liquide. Salez et poivrez.

❹ Parsemez d'emmental râpé et d'origan. Enfournez pour 20 min.

Gratin de blettes et chèvre

PRÉPARATION : **15 MINUTES**
CUISSON : **20 MINUTES**

× 4

LISTE DE COURSES

1 kg de blettes

200 g de fromage de chèvre frais

2 œufs

2 cuil. à soupe de crème liquide

100 g d'emmental râpé

1 cuil. à soupe d'herbes de Provence

❶ Préchauffez le four à 200 °C (th. 6-7).

❷ Parez et lavez les blettes. Plongez-les 5 min dans une casserole d'eau bouillante salée. Égouttez-les.

❸ Dans un saladier, mélangez la crème liquide, les œufs et les herbes de Provence. Salez et poivrez.

❹ Étalez les feuilles de blette dans un plat à gratin huilé. Couvrez de portions de chèvre. Versez la préparation et parsemez d'emmental râpé. Enfournez pour 15 min.

Cannellonis aux 3 fromages

PRÉPARATION : **20 MINUTES**
CUISSON : **30 MINUTES**

×4

LISTE DE COURSES

500 g de cannellonis courts

2 boules de mozzarella

250 g de ricotta

125 g de coulis de tomates

100 g de parmesan

50 g de gruyère râpé

❶ Faites cuire les cannellonis 8 minutes à l'eau bouillante salée, puis égouttez-les. Préchauffez le four à 190 °C (th. 6).

❷ Coupez la mozzarella en petits cubes, mélangez avec la ricotta et le coulis de tomates.

❸ Fourrez les cannellonis de la préparation. Rangez-les dans un plat à gratin. Saupoudrez de parmesan râpé et de gruyère.

❹ Enfournez pour 20 minutes.

Gratin de carottes au romarin

PRÉPARATION : **20 MINUTES**
CUISSON : **30 MINUTES**

×4

LISTE DE COURSES

1 kg de carottes

15 cl de crème liquide

150 g de fromage frais

½ cuil. à café de cumin en poudre

1 cuil. à soupe de graines de sésame

1 branche de romarin

❶ Préchauffez le four à 200 °C (th. 6-7).

❷ Lavez, épluchez et coupez les carottes en rondelles. Faites-les cuire 10 min dans une casserole d'eau bouillante salée. Égouttez-les.

❸ Dans un saladier, mélangez la crème liquide, le fromage frais et le cumin.

❹ Étalez les carottes dans un plat à gratin huilé. Versez la préparation dessus. Parsemez de sésame et de romarin. Salez et poivrez. Enfournez pour 20 min.

Gratin de chou-fleur à la moutarde

PRÉPARATION : **15 MINUTES**
CUISSON : **1 HEURE**

×4

LISTE DE COURSES

1 chou-fleur

2 cuil. à soupe de moutarde à l'ancienne

250 g de mascarpone

200 g de beaufort râpé

❶ Préchauffez le four à 200 °C (th. 6-7).

❷ Lavez, effeuillez et coupez le chou-fleur en morceaux.

❸ Dans un saladier, mélangez le mascarpone et la moutarde. Salez et poivrez.

❹ Dans un plat à gratin huilé, étalez le chou-fleur. Versez la préparation au mascarpone dessus. Parsemez de beaufort et enfournez pour 1 h.

Clafoutis d'aubergine

PRÉPARATION : **20 MINUTES**
CUISSON : **30 MINUTES**

×4

LISTE DE COURSES

3 aubergines

3 œufs

25 cl de lait

1 cuil. à soupe de fécule de maïs

100 g de bûche de chèvre

5 brins de thym

❶ Faites cuire les aubergines coupées en cubes 10 minutes à la vapeur ou à l'eau bouillante. Préchauffez le four à 190 °C (th. 6).

❷ Dans un saladier, mélangez les œufs, le lait et la fécule. Salez et poivrez.

❸ Placez les aubergines et le chèvre coupé en rondelles dans un plat allant au four, versez la préparation par-dessus et saupoudrez de thym.

❹ Enfournez pour 20 minutes.

Gratin de courge

PRÉPARATION : **15 MINUTES**
CUISSON : **40 MINUTES**

×4

LISTE DE COURSES

1 courge butternut

2 œufs

25 cl de lait écrémé

50 g de mélange de graines (sésame, courge, pavot et tournesol)

❶ Préchauffez le four à 180 °C (th. 6).

❷ Pelez, épépinez et coupez la courge en très fines tranches avec un gros couteau bien aiguisé.

❸ Battez les œufs et le lait dans un saladier. Salez et poivrez.

❹ Disposez les tranches de courge dans un plat à gratin, puis versez la préparation dessus. Parsemez de graines et enfournez pour 40 min.

Gratin de courgettes tressées

PRÉPARATION : **20 MINUTES**
CUISSON : **25 MINUTES**

×4

LISTE DE COURSES

3 courgettes

10 cl de lait

30 cl de crème liquide entière

1 œuf

60 g de comté râpé

1 cuil. à café de fécule de maïs

❶ Préchauffez le four à 180 °C (th. 6). Lavez et taillez les courgettes en lamelles avec un économe ou une mandoline.

❷ Dans un saladier, mélangez le lait, la crème liquide, l'œuf, le comté et la fécule. Salez et poivrez.

❸ Réservez environ 20 lamelles de courgette et déposez le reste dans un plat à gratin huilé. Versez la préparation dessus.

❹ Avec les lamelles de courgette restantes, réalisez un tressage sur la crème. Enfournez pour 25 min.

Gratin de courgettes, tomates et céréales

PRÉPARATION : **10 MINUTES**
CUISSON : **30 MINUTES**

×4

LISTE DE COURSES

150 g de quinoa

4 tomates

150 g de boulgour

2 courgettes

1 oignon

100 g de comté râpé

❶ Préchauffez le four à 180 °C (th. 6). Faites cuire le quinoa et le boulgour pendant 15 min dans une grande casserole d'eau bouillante. Égouttez-les.

❷ Épluchez et émincez l'oignon. Lavez et coupez les légumes en dés.

❸ Dans une poêle, faites revenir les courgettes et l'oignon pendant 10 min avec 2 cuil. à soupe d'huile d'olive. Ajoutez les tomates et laissez mijoter 5 min à feu moyen. Salez et poivrez.

❹ Versez le tout dans un plat à gratin. Couvrez du mélange boulgour-quinoa et parsemez de comté râpé. Enfournez pour 15 min.

Crumble aux tomates

PRÉPARATION : **15 MINUTES**
CUISSON : **30 MINUTES**

×6

LISTE DE COURSES

8 tomates

1 gousse d'ail

2 brins de basilic

80 g de beurre mou

100 g de farine

100 g de parmesan râpé

❶ Préchauffez le four à 180 °C (th. 6). Rincez et coupez les tomates en quatre.

❷ Épluchez l'ail et frottez-en le fond d'un plat à gratin huilé. Déposez les tomates et parsemez de basilic ciselé. Salez et poivrez.

❸ Dans un saladier, mélangez du bout des doigts le beurre coupé en morceaux, la farine et le parmesan jusqu'à l'obtention une texture sableuse.

❹ Répartissez le crumble sur les tomates et enfournez pour 30 min.

Dés de potimarron rôtis au chèvre

PRÉPARATION : **5 MINUTES**
CUISSON : **25 MINUTES**

×**6**

LISTE DE COURSES

1 potimarron

4 gousses d'ail

1 cuil. à soupe de miel

1 cuil. à café de cumin

100 g de fromage de chèvre sec

5 feuilles de basilic

❶ Préchauffez le four à 180 °C (th. 6). Épluchez et coupez le potimarron en cubes.

❷ Placez les cubes de potimarron dans un plat avec les gousses d'ail entières, arrosez de miel, saupoudrez de cumin. Ajoutez un filet d'huile d'olive, salez et poivrez.

❸ Émiettez le fromage de chèvre au-dessus et enfournez pour 25 minutes.

❹ Servez chaud parsemé de feuilles de basilic.

Muffins aux courgettes

PRÉPARATION : **20 MINUTES**
CUISSON : **20 MINUTES**

×4

LISTE DE COURSES

2 courgettes

2 œufs

1 cuil. à soupe de farine de riz

1 cuil. à soupe de farine de pois chiches

1 cuil. à soupe de purée d'amande

1 cuil. à soupe d'huile de coco

❶ Préchauffez le four à 180 °C (th. 6). Lavez et râpez les courgettes.

❷ Mélangez les courgettes avec les œufs, les farines, la purée d'amande et l'huile. Salez, poivrez.

❸ Versez la pâte dans des caissettes en papier ou des moules en silicone.

❹ Enfournez pour 20 min.

Aubergines farcies façon corse

PRÉPARATION : **15 MINUTES**
CUISSON : **20 MINUTES**

×4

LISTE DE COURSES

4 aubergines

100 g de tomme corse

100 g de pain de mie

1 œuf

1 gousse d'ail

4 brins de basilic

❶ Préchauffez le four à 200 °C (th. 6-7). Coupez les aubergines en deux dans la longueur et faites-les cuire 5 min dans une marmite d'eau bouillante salée, puis égouttez-les.

❷ Enlevez la chair des aubergines et mixez-la avec l'œuf, le pain de mie légèrement imbibé d'eau, la gousse d'ail hachée et trois brins de basilic.

❸ Farcissez les aubergines avec cette préparation et terminez par la tomme râpée.

❹ Enfournez pour 15 min. Décorez de quelques feuilles de basilic frais avant de servir.

Croustillants de haricots verts à la feta

PRÉPARATION : **15 MINUTES**
CUISSON : **25 MINUTES**

×4

LISTE DE COURSES

8 feuilles de brick

200 g de haricots verts

100 g de feta

50 g de poudre d'amande

5 brins de menthe

2 œufs

❶ Faites cuire les haricots verts 10 min à l'eau bouillante salée, puis égouttez-les.

❷ Préchauffez le four à 200 °C (th. 6-7). Dans un saladier, mélangez les haricots verts, l'œuf, la feta, la poudre d'amande et la menthe ciselée, puis salez et poivrez.

❸ Placez deux feuilles de brick l'une sur l'autre et versez ¼ de la préparation au centre. Repliez en carré en rabattant les bords vers le milieu. Badigeonnez d'huile d'olive.

❹ Placez les croustillants sur une plaque recouverte de papier sulfurisé et enfournez pour 15 min.

Poivrons farcis

PRÉPARATION : **15 MINUTES**
CUISSON : **45 MINUTES**

×4

LISTE DE COURSES

4 poivrons

250 g de viande de porc hachée

100 g de riz

125 g de sauce tomate

1 oignon

1 gousse d'ail

❶ Préchauffez le four à 220 °C (th. 7-8). Coupez les poivrons en deux et évidez-les. Pelez et émincez les oignons et l'ail.

❷ Faites cuire le riz à l'eau bouillante salée le temps indiqué sur le paquet. Égouttez.

❸ Faites revenir les oignons et l'ail 3 min dans 1 cuil. à café d'huile, puis la sauce tomate et faites cuire 8 min à feu doux. Ajoutez la viande et poursuivez la cuisson 12 min.

❹ Mélangez le riz avec la viande hachée. Garnissez les poivrons. Enfournez pour 15 min.

Crumble de butternut

PRÉPARATION : **15 MINUTES**
CUISSON : **35 MINUTES**

×4

LISTE DE COURSES

1 courge butternut

60 g de parmesan

60 g de beurre

30 g de poudre d'amande

30 g de farine

1 oignon

❶ Préchauffez le four à 180 °C (th. 6). Coupez la courge en morceaux et plongez-les dans une casserole d'eau froide salée. Faites cuire 20 min à partir de la reprise de l'ébullition, puis retirez la peau et réduisez la courge en purée.

❷ Dans un saladier, mélangez le parmesan, le beurre, la poudre d'amande et la farine jusqu'à obtenir une consistance sableuse.

❸ Émincez l'oignon. Dans une poêle, faites-le revenir 3 min dans 1 cuil. à café d'huile. Mélangez avec la purée. Salez, poivrez. Disposez au fond d'un plat à four. Recouvrez avec la pâte et enfournez pour 15 min.

Gratin de riz complet aux aubergines

PRÉPARATION : **10 MINUTES**
CUISSON : **25 MINUTES**

×4

LISTE DE COURSES

250 g de riz complet

1 grosse aubergine

1 boule de mozzarella

3 brins de menthe

40 cl de crème liquide

80 g de parmesan râpé

❶ Préchauffez le four à 180 °C (th. 6). Faites cuire le riz complet 10 min à l'eau bouillante salée. Égouttez et réservez.

❷ Lavez et coupez l'aubergine en petits dés, puis faites-les revenir 5 min dans 1 cuil. à soupe d'huile d'olive ; ajoutez la crème, la menthe ciselée et le parmesan, poivrez et remuez.

❸ Mélangez le riz et la préparation d'aubergine, recouvrez de mozzarella coupée en tranches, puis enfournez pour 15 min.

Clafoutis de tomates cerises

PRÉPARATION : **15 MINUTES**
CUISSON : **30 MINUTES**

×4

LISTE DE COURSES

750 g de tomates cerises

4 œufs

120 g de farine

30 cl de lait

60 g de parmesan râpé

6 brins de ciboulette

❶ Préchauffez le four à 210 °C (th. 7). Dans une poêle, avec 1 cuil. à soupe d'huile, faites revenir les tomates cerises pendant 3 min.

❷ Battez les œufs avec la farine. Salez, poivrez. Délayez avec le lait. Ajoutez le parmesan et la ciboulette ciselée.

❸ Versez la préparation sur les tomates. Enfournez pour 25 min.

Crumble de potimarron

PRÉPARATION : **20 MINUTES**
CUISSON : **35 MINUTES**

×4

LISTE DE COURSES

600 g de potimarron

150 g de farine

60 g de purée d'amandes

50 g de kasha (sarrasin grillé)

1 cuil. à café d'ail en poudre

2 cuil. à soupe d'huile d'olive

❶ Préchauffez le four à 180 °C (th. 6). Pelez, épépinez et taillez le potimarron en morceaux. Faites-le cuire 15 min à la vapeur.

❷ Dans un saladier, mélangez la farine, la purée d'amandes et le kasha. Travaillez l'ensemble jusqu'à l'obtention d'un mélange sableux.

❸ Dans un plat allant au four, mélangez le potimarron avec l'ail et l'huile d'olive. Salez et poivrez.

❹ Répartissez le crumble dessus. Tassez légèrement. Enfournez pour 20 min.

Gratin dauphinois

PRÉPARATION : **20 MINUTES**
CUISSON : **2 HEURES**

× 6

LISTE DE COURSES

1 kg de pommes de terre à chair ferme

50 cl de crème liquide

50 cl de lait entier

1 gousse d'ail

1 pincée de noix de muscade râpée

❶ Préchauffez le four à 150 °C (th. 5). Épluchez, lavez et coupez les pommes de terre en fines rondelles.

❷ Pelez l'ail et frottez la gousse sur le fond et les bords du plat. Beurrez-le.

❸ Disposez une couche de pommes de terre dans le plat. Salez, poivrez et saupoudrez de noix de muscade. Répétez l'opération jusqu'à épuisement des pommes de terre.

❹ Mélangez la crème liquide et le lait puis versez dans le plat. Enfournez pour 2 h.

Gratin de chou-fleur

PRÉPARATION : **15 MINUTES**
CUISSON : **30 MINUTES**

×4

LISTE DE COURSES

1 chou-fleur

20 g de beurre

2 cuil. à soupe de farine

25 cl de lait

1 pincée de noix muscade

80 g de fromage râpé

❶ Préchauffez le four à 180 °C (th. 6). Détaillez le chou-fleur en petits bouquets et faites-les cuire 5 minutes à l'eau bouillante.

❷ Égouttez les bouquets et disposez-les dans un plat à gratin. Salez, poivrez, ajoutez une pincée de muscade et remuez.

❸ Faites chauffer le lait à feu doux. Pendant ce temps, faites fondre le beurre dans une petite casserole, ajoutez la farine et mélangez. Versez le lait chaud petit à petit en remuant jusqu'à épaississement.

❹ Versez sur le chou-fleur, parsemez de fromage râpé et enfournez pour 20 minutes.

Gratin de macaronis et œufs en cocotte

PRÉPARATION : **15 MINUTES**
CUISSON : **40 MINUTES**

×6

LISTE DE COURSES

300 g de macaronis

3 tomates

6 petits œufs

15 cl de crème liquide

70 g de comté râpé

2 cuil. à soupe de pesto

❶ Préchauffez le four à 180 °C (th. 6). Faites cuire les macaronis 10 min dans une casserole d'eau bouillante salée. Égouttez-les.

❷ Coupez les tomates en deux, videz-les délicatement et salez légèrement l'intérieur. Laissez-les égoutter.

❸ Dans un saladier, mélangez les macaronis, la crème liquide, la pulpe de tomate et le fromage râpé.

❹ Étalez la préparation dans un plat à gratin légèrement huilé. Disposez les demi-tomates dessus et cassez les œufs dedans. Répartissez le pesto sur les œufs. Enfournez pour 30 min.

Petits artichauts rôtis

PRÉPARATION : **10 MINUTES**
CUISSON : **25 MINUTES**

×6

LISTE DE COURSES

12 petits artichauts

1 gousse d'ail

le jus de 3 citrons

4 feuilles de sauge fraîche

3 cuil. à soupe de chapelure

❶ Faites cuire les artichauts à l'eau bouillante 15 minutes. Coupez-les en deux. Préchauffez le four à 210 °C (th. 7).

❷ Mélangez les artichauts avec l'ail haché, le jus des citrons, de l'huile d'olive, salez, poivrez.

❸ Déposez le tout dans un plat allant au four et parsemez de chapelure.

❹ Enfournez pour 8 minutes, puis servez avec les feuilles de sauge ciselées.

Petits farcis

PRÉPARATION : **20 MINUTES**
CUISSON : **50 MINUTES**

×4

LISTE DE COURSES

2 courgettes

3 tomates

1 aubergine

2 carottes

200 g de riz

125 g de mascarpone

❶ Coupez courgettes, tomates et aubergine en deux dans la longueur, évidez-les en laissant un peu de chair. Faites-les cuire 20 minutes à la vapeur.

❷ Hachez au couteau la chair des légumes et les carottes et faites cuire 5 minutes à feu vif dans une poêle avec de l'huile d'olive. Salez et poivrez.

❸ Faites cuire le riz 12 minutes à l'eau bouillante salée. Préchauffez le four à 200 °C (th. 7).

❹ Mélangez le riz, la chair des légumes et le mascarpone, farcissez les légumes et enfournez pour 15 minutes.

Gratin de poivrons

PRÉPARATION : **20 MINUTES**
CUISSON : **30 MINUTES**

×6

LISTE DE COURSES

4 poivrons
(jaunes, rouges, verts)

1 gousse d'ail

1 échalote

3 cuil. à soupe de chapelure

40 g de parmesan râpé

❶ Préchauffez le four à 200 °C (th. 6-7).

❷ Lavez, épépinez et coupez les poivrons en lanières. Pelez, dégermez et hachez l'ail. Pelez et hachez l'échalote.

❸ Mélangez-les dans un saladier. Salez et poivrez. Dans un plat à gratin huilé, étalez la préparation puis saupoudrez de chapelure et de parmesan râpé.

❹ Enfournez pour 30 min.

Pommes de terre gratinées

PRÉPARATION : **15 MINUTES**
CUISSON : **55 MINUTES**

×4

LISTE DE COURSES

4 grosses pommes de terre

12 champignons de Paris

12 tomates séchées

3 cuil. à soupe de crème fraîche épaisse

5 brins de persil

40 g de parmesan râpé

❶ Préchauffez le four à 200 °C (th. 6-7). Faites cuire les pommes de terre avec leur peau pendant 35 min dans une casserole d'eau bouillante salée. Égouttez-les.

❷ Coupez en morceaux les champignons et les tomates séchées. Coupez les pommes de terre à l'horizontal dans l'épaisseur et creusez légèrement l'intérieur.

❸ Dans un saladier, mélangez la chair des pommes de terre, les champignons, les tomates séchées, la crème fraîche et le persil ciselé. Salez et poivrez.

❹ Farcissez les pommes de terre évidées de ce mélange et saupoudrez de parmesan. Enfournez pour 20 min.

Gratin de ravioles et courgettes

PRÉPARATION : **20 MINUTES**
CUISSON : **30 MINUTES**

×4

LISTE DE COURSES

9 plaques de ravioles

2 courgettes

20 cl de crème liquide

4 cuil. à soupe de comté râpé

❶ Préchauffez le four à 180 °C (th. 6).

❷ Lavez et râpez les courgettes. Mélangez-les avec la crème liquide dans un saladier. Salez et poivrez.

❸ Déposez 3 plaques de ravioles dans un plat à gratin. Couvrez avec la préparation aux courgettes. Renouvelez l'opération 2 fois.

❹ Parsemez de comté. Enfournez pour 30 min.

Gratin de risotto aux épinards

PRÉPARATION : **10 MINUTES**
CUISSON : **30 MINUTES**

×4

LISTE DE COURSES

200 g de riz arborio

150 g d'épinards

1 cube de bouillon de volaille

15 cl de vin blanc

80 g de parmesan râpé

100 g de mascarpone

❶ Préchauffez le four à 180 °C (th. 6). Faites dissoudre le cube de bouillon dans 50 cl d'eau bouillante.

❷ Lavez et essorez les épinards. Dans un plat à gratin huilé, étalez le riz, puis le mascarpone et les épinards.

❸ Versez le bouillon bien chaud et le vin blanc. Salez et poivrez. Enfournez pour 30 min.

❹ À la sortie du four, saupoudrez de parmesan râpé.

Poivrons farcis chèvre-quinoa

PRÉPARATION : **20 MINUTES**
CUISSON : **50 MINUTES**

×4

LISTE DE COURSES

4 poivrons

500 g de quinoa

80 g de raisins secs

40 g de pignons de pin

150 g de chèvre frais

10 brins de ciboulette

❶ Coupez un chapeau aux ¾ des poivrons, évidez-les et enfournez-les pour 20 min à 180 °C (th. 6).

❷ Faites cuire le quinoa 10 min à l'eau bouillante salée, égouttez-le et mélangez-le avec les raisins secs et 1 cuil. à soupe d'huile d'olive, salez et poivrez.

❸ Ajoutez les pignons, le chèvre, la ciboulette ciselée et mélangez.

❹ Garnissez les poivrons avec la préparation et enfournez pour 20 min à 200 °C (th. 6-7).

Pommes de terre à la suédoise

PRÉPARATION : **15 MINUTES**
CUISSON : **40 MINUTES**

×4

LISTE DE COURSES

12 pommes de terre de taille moyenne

1 gousse d'ail

3 cuil. à soupe d'huile d'olive

1 cuil. à café de paprika

1 cuil. à café d'herbes de Provence

❶ Préchauffez le four à 200 °C (th. 7). Pelez et hachez l'ail.

❷ Dans un bol, mélangez l'ail, l'huile d'olive, le paprika, les herbes de Provence, du sel et du poivre.

❸ Lavez et séchez les pommes de terre. Entaillez-les sans les couper tous les 2-3 mm. Placez-les dans un plat à four et badigeonnez-les de l'huile d'olive épicée.

❹ Enfournez pour 40 minutes.

Soufflé au fromage

PRÉPARATION : **10 MINUTES**
CUISSON : **40 MINUTES**

×6

LISTE DE COURSES

5 œufs

60 g de beurre

60 g de farine

40 cl de lait tiède

150 g de gruyère râpé

1 pincée de noix muscade

❶ Préchauffez le four à 180 °C (th. 6). Faites fondre le beurre à feu moyen, ajoutez la farine et remuez vivement 1 minute.

❷ Baissez le feu, versez le lait en fouettant quelques minutes. Retirez du feu.

❸ Montez les blancs d'œufs en neige avec une pincée de sel, incorporez les jaunes à la casserole avec le gruyère, du sel, du poivre et de la muscade.

❹ Incorporez délicatement les blancs dans la pâte, puis remplissez aux trois quarts des moules beurrés et enfournez pour 35 minutes.

Tian d'aubergines et tomates

PRÉPARATION : **15 MINUTES**
ÉGOUTTAGE : **30 MINUTES**
CUISSON : **35 MINUTES**

×6

LISTE DE COURSES

3 aubergines

5 tomates

1 gousse d'ail

1 cuil. à soupe d'herbes de Provence

3 brins de basilic

❶ Lavez et coupez en rondelles les aubergines. Salez-les et laissez-les dégorger 30 min.

❷ Préchauffez le four à 200 °C (th. 6-7). Lavez et coupez les tomates en rondelles.

❸ Pelez l'ail puis frottez le fond d'un plat à gratin avec la gousse. Disposez les rondelles d'aubergine et de tomate en les alternant. Arrosez d'un filet d'huile d'olive. Salez, poivrez et parsemez d'herbes de Provence.

❹ Enfournez pour 35 min. À la sortie du four, parsemez de basilic.

Tomates au four

PRÉPARATION : **10 MINUTES**
CUISSON : **25 MINUTES**

×6

LISTE DE COURSES

12 tomates de taille moyenne

2 cuil. à café d'herbes de Provence

3 cuil. à soupe de chapelure

❶ Préchauffez le four à 180 °C (th. 6). Lavez les tomates.

❷ Coupez les tomates en deux et disposez-les sur une feuille de papier sulfurisé.

❸ Ajoutez un filet d'huile d'olive, une pincée de fleur de sel, une pincée de poivre et parsemez de chapelure et d'herbes de Provence.

❹ Enfournez pour 25 minutes.

Cake à la mozzarella et aux épinards

PRÉPARATION : **15 MINUTES**
CUISSON : **45 MINUTES**

×6

LISTE DE COURSES

180 g de farine avec levure incorporée

200 g de mozzarella

200 g de jeunes pousses d'épinards

3 œufs

15 cl de lait

❶ Préchauffez le four à 180 °C (th. 6). Dans un saladier, mélangez les œufs, le lait et 4 cuil. à soupe d'huile d'olive.

❷ Lavez et hachez les épinards, détaillez la mozzarella en petits morceaux et mélangez-les avec la farine. Salez et poivrez. Ajoutez la première préparation et mélangez sans insister.

❸ Versez dans un moule à cake beurré et enfournez pour 45 min.

Cake au potimarron et au comté

PRÉPARATION : **15 MINUTES**
CUISSON : **1 HEURE**

×6

LISTE DE COURSES

180 g de farine avec levure incorporée

300 g de potimarron

150 g de comté

2 œufs

10 cl de lait

4 brins de thym

❶ Préchauffez le four à 180 °C (th. 6). Rincez le potimarron et faites-le cuire 10 min dans de l'eau bouillante. Égouttez et coupez-le en petits morceaux.

❷ Dans un saladier, mélangez les œufs, le lait et 4 cuil. à soupe d'huile d'olive.

❸ Mélangez le potimarron, le comté coupé en cubes et le thym effeuillé avec la farine. Salez et poivrez. Intégrez la préparation précédente et mélangez sans insister.

❹ Versez dans un moule à cake beurré et enfournez pour 45 min.

Frites rustiques

PRÉPARATION : **10 MIN**
CUISSON : **50 MIN**

×4

LISTE DE COURSES

4 pommes de terre

2 panais

1/2 céleri-rave

Huile d'olive

Persil

❶ Préchauffer le four à 200 °C.

❷ Tailler les légumes en frites rustiques. Les déposer sur une plaque, saler et poivrer, arroser d'huile d'olive et faire rôtir 45-50 minutes, jusqu'à ce qu'elles soient fondantes et dorées.

❸ Servir parsemé de persil.

Frites arc-en-ciel

PRÉPARATION : **10 MIN**
CUISSON : **50 MIN**

×**4**

LISTE DE COURSES

3 pommes de terre

2 patates douces

2 betteraves

6 gousses d'ail

Thym et persil

Huile d'olive

❶ Préchauffer le four à 200 °C.

❷ Tailler les légumes en frites rustiques. Les déposer sur une plaque, saler et poivrer, arroser d'huile d'olive et faire rôtir 45-50 minutes, jusqu'à ce qu'elles soient fondantes et dorées.

❸ Servir parsemé de persil.

Hasselback pomme de terre et carotte

PRÉPARATION : **20 MIN**
CUISSON : **50 MIN**

×4

LISTE DE COURSES

4 pommes de terre (environ 4 moyennes)

2 carottes (environ 2)

2 panais (environ 2)

2 courgettes (environ 2)

4 gousses d'ail

14 feuilles de sauge fraîche

❶ Préchauffer le four à 200 °C.

❷ Entailler la chair de chaque légume façon hasselback. Répartir les légumes sur une plaque puis glisser de l'ail et la sauge dans les entailles. Saler et poivrer, arroser d'huile d'olive et faire rôtir 45-50 minutes jusqu'à ce que les légumes soient fondants et dorés.

❸ Servir avec des pousses d'épinard.

Plaque d'automne courge et panais

PRÉPARATION : **10 MIN**
CUISSON : **50 MIN**

×4

LISTE DE COURSES

1/2 courge butternut (environ ½)

2 panais (environ 2 gros)

290 g de brocoli

1 tête d'ail entière

10 châtaignes (environ 10)

Huile d'olive

❶ Préchauffer le four à 200 °C.

❷ Couper la tête d'ail en deux dans l'épaisseur. Tailler les légumes en frites ou cubes. Déposer tous les légumes sauf les châtaignes sur une plaque, saler et poivrer. Arroser d'huile d'olive et faire rôtir 30 minutes.

❸ Ajouter les châtaignes et poursuivre la cuisson 15-20 minutes.

Plaque campagnarde asperges et haricots verts

PRÉPARATION : **10 MIN**
CUISSON : **50 MIN**

×**4**

LISTE DE COURSES

24 pommes de terre ratte

1 botte d’’asperges vertes

200 g de haricots verts

1 oignon

Huile d’olive

❶ Préchauffer le four à 200 °C.

❷ Déposer sur une plaque les oignons, les haricots verts et les asperges. Saler et poivrer, arroser d'huile d'olive.

❸ Couvrir d'une feuille de papier aluminium. Faire rôtir 35-40 minutes puis ôter l'aluminium et poursuivre la cuisson 10 minutes. Tous les légumes doivent être fondants et dorés.

Plaque mexicaine

PRÉPARATION : **10 MIN**
CUISSON : **50 MIN**

×4

LISTE DE COURSES

3 poivrons multicolores

3 pommes de terre

1 oignon

4 gousses d'ail

Huile d'olive

❶ Préchauffer le four à 200 °C.

❷ Découper les légumes en frites ou cubes.

❸ Déposer les légumes et les gousses d'ail sur une plaque. Saler et poivrer, arroser d'huile d'olive et faire rôtir 50 minutes. Les légumes doivent être fondants et dorés.

Rösti pomme de terre, panais et betterave

PRÉPARATION : **20 MIN**
CUISSON : **50 MIN**

×4

LISTE DE COURSES

2 pommes de terre

1 panais

1 betterave

1 oignon

1 œuf

Huile d'olive

❶ Préchauffer le four à 190 °C.

❷ Râper tous les légumes séparément. Presser les légumes râpés avec les mains pour extraire un maximum d'eau. Râper l'oignon. Mettre toutes les préparations râpées dans un saladier. Ajouter l'oeuf, saler et poivre, mélanger.

❸ Déposer les rösti sur une plaque préalablement huilée. Arroser d'huile d'olive et faire rôtir 40-45 minutes jusqu'à ce que les rösti soient fondants et dorés.

Rösti pomme de terre et carotte

PRÉPARATION : **10 MIN**
CUISSON : **50 MIN**

×4

LISTE DE COURSES

3 pommes de terre

1 carotte

1 oignon

1 gousse d'ail

Huile d'olive

1 œuf

❶ Préchauffer le four à 190 °C.

❷ Râper tous les légumes séparément. Presser les légumes râpés avec les mains pour extraire un maximum d'eau. Râper l'oignon, ciseler la cébette. Mettre toutes les préparations râpées dans un saladier avec l'ail. Ajouter l'œuf et la cébette puis mélanger.

❸ Déposer les rösti sur une plaque préalablement huilée. Arroser d'huile d'olive et faire rôtir 40-45 minutes jusqu'à ce que les rösti soient fondants et dorés.

Poivrons et tomates cerises

PRÉPARATION : **10 MIN**
CUISSON : **50 MIN**

×4

LISTE DE COURSES

5 poivrons rouges allongés

½ oignon

250 g de tomates cerises

4 tranches de baguettes

Basilic

Huile d'olive

❶ Préchauffer le four à 200 °C.

❷ Recouper les tranches de baguette en deux.

❸ Déposer sur une plaque les poivrons coupés en deux, l'oignon émincé, les tomates cerises, saler et poivrer, arroser d'huile d'olive et faire rôtir 30-35 minutes.

❹ Ajouter les tranches de baguette arrosées d'huile d'olive puis poursuivre la cuisson 10 minutes. Les légumes doivent être fondants et dorés.

❺ Servir avec le basilic.

Plaque betterave, pomme de terre rouge et brocoli

PRÉPARATION : **10 MIN**
CUISSON : **50 MIN**

×4

LISTE DE COURSES

5 pommes de terre

280 g de brocoli

4 betteraves

12 noisettes

Huile d'olive

❶ Préchauffer le four à 200 °C.

❷ Tailler les légumes en rondelles. Déposer les légumes sur une plaque. Saler et poivrer, arroser d'huile d'olive et faire rôtir 35-40 minutes.

❸ Ajouter les noisettes grossièrement hachées et poursuivre la cuisson 8-10 minutes. Les légumes doivent être fondants et dorés

Plaque poivron et tofu

PRÉPARATION : **15 MIN**
CUISSON : **35MIN**

×4

LISTE DE COURSES

100 g de tofu

3 poivrons multicolores

Des feuilles de menthe ciselée

Quelques fines tranches d'oignon rouge

Huile d'olive

❶ Préchauffer le four à 200 °C.

❷ Couper les poivrons et le tofu en cubes. Déposer sur une plaque Saler et poivrer, arroser d'huile d'olive et faire rôtir 30-35 minutes à 200 °C jusqu'à ce qu'ils soient fondants et dorés.

❸ Servir avec de l'oignon rouge.

Poireaux gratinés

PRÉPARATION : **10 MIN**
CUISSON : **50 MIN**

×4

LISTE DE COURSES

2 poireaux

40 g de parmesan râpé

2 poignées de mâche

Huile d'olive

❶ Préchauffer le four à 200 °C.

❷ Rincer les poireaux. Les tailler en gros tronçons puis les recouper en deux dans l'épaisseur. Déposer les légumes sur une plaque et arroser d'huile d'olive, saler et poivrer. Les couvrir d'une feuille de papier aluminium et faire rôtir 35 minutes.

❸ Ôter l'aluminium et parsemer les légumes de parmesan. Poursuivre la cuisson 10 minutes pour que les légumes soient fondants et dorés.

❹ Servir avec la mâche.

Fenouil, courge butternut et feta

PRÉPARATION : **15 MIN**
CUISSON : **50 MIN**

×4

LISTE DE COURSES

1 courge butternut

4 gousses d'ail

1 c. à café de cumin en poudre

13 feuilles de sauge

40 g de feta émiettée (pour servir)

Huile d'olive

❶ Frire les feuilles de sauge avec l'huile dans une poêle jusqu'à ce qu'elles soient bien croustillantes, les égoutter sur du papier absorbant. Réserver.

❷ Préchauffer le four à 200 °C. Couper la butternut en rondelles. Les déposer avec les gousses d'ail sur une plaque. Saler et poivrer, arroser d'un filet d'huile d'olive, saupoudrer de cumin et faire rôtir 45 minutes. Les légumes doivent être fondants et dorés.

❸ Servir parsemé de pistaches hachées et de feta émiettée.

Plaque pomme de terre et feta

PRÉPARATION : **10 MIN**
CUISSON : **50 MIN**

×4

LISTE DE COURSES

1 courge butternut

4 gousses d'ail

1 c. à café de cumin en poudre

13 feuilles de sauge

40 g de feta émiettée (pour servir)

Huile d'olive

❶ Frire les feuilles de sauge avec l'huile dans une poêle jusqu'à ce qu'elles soient bien croustillantes, les égoutter sur du papier absorbant. Réserver.

❷ Préchauffer le four à 200 °C. Couper la butternut en rondelles. Les déposer avec les gousses d'ail sur une plaque. Saler et poivrer, arroser d'un filet d'huile d'olive, saupoudrer de cumin et faire rôtir 45 minutes. Les légumes doivent être fondants et dorés.

❸ Servir parsemé de pistaches hachées et de feta émiettée.

Asperges momies

PRÉPARATION : **15 MIN**
CUISSON : **40 MIN**

×4

LISTE DE COURSES

400 g d'asperges vertes

10 olives vertes dénoyautées

1 c. à soupe d'herbes de Provence

1 rouleau de pâte feuilletée

Huile d'olive

❶ Préchauffer le four à 180 °C.

❷ Dérouler la pâte feuilletée et couper ensuite autant de rubans de pâte que d'asperges, d'environ 1-1,5 cm de largeur. Parsemer les olives hachées sur les rubans, saupoudrer les herbes de Provence, saler et poivrer. Presser avec les mains pour que la garniture adhère à la pâte puis enrouler chaque asperge dedans, bien serrée.

❸ Déposer les asperges alignées sur une plaque puis couvrir leurs têtes avec une bande de papier aluminium. Faire rôtir 20-25 minutes, ôter l'aluminium et poursuivre la cuisson 15 minutes. Les asperges doivent être croustillantes et dorées.

❹ Servir avec la roquette et l'échalote émincée, arroser avec un filet d'huile d'olive.

Chou-fleur à l'orientale

PRÉPARATION : **15 MIN**
CUISSON : **50 MIN**

×4

LISTE DE COURSES

1 chou-fleur

1,5 c. à soupe de zaatar

3 brins de persil hachés

Huile d'olive

❶ Préchauffer le four à 200 °C.

❷ Détailler les bouquets de chou-fleur. Déposer sur une plaque. Arroser d'un filet d'huile d'olive et parsemer de zaatar, saler et poivrer. Faire rôtir 50 minutes. Les légumes doivent être fondants et dorés. En fin de cuisson, tourner les bouquets de chou-fleur pour qu'ils absorbent l'huile qui est sur la plaque.

❸ Servir parsemé de persil haché.

Arc-en-ciel poivron, carotte et betterave

PRÉPARATION : **10 MIN**
CUISSON : **50 MIN**

×4

LISTE DE COURSES

2 poivrons

2 carottes

2 betteraves

½ patate douce

250 g de brocoli

Huile d'olive

❶ Préchauffer le four à 200 °C.

❷ Tailler les légumes en frites ou cubes.

❸ Déposer les légumes sur une plaque. Saler et poivrer, arroser d'huile d'olive et faire rôtir 50 minutes. Les légumes doivent être fondants et dorés.

Desserts

Crumble aux abricots

PRÉPARATION : **15 MINUTES**
CUISSON : **40 MINUTES**

×4

LISTE DE COURSES

20 abricots mûrs

100 g de beurre

100 g de sucre

150 g de farine

50 g de poudre d'amandes

❶ Préchauffez le four à 200 °C (th. 7). Dénoyautez les abricots et coupez-les en deux.

❷ Beurrez un plat à gratin et rangez-y les abricots.

❸ Mélangez le reste des ingrédients du bout des doigts jusqu'à obtenir une texture sableuse.

❹ Recouvrez les abricots de ce mélange, puis enfournez pour 40 minutes. Servez tiède.

Crumble aux pommes et flocons d'avoine

PRÉPARATION : **20 MINUTES**
CUISSON : **25 MINUTES**

×4

LISTE DE COURSES

2 pommes

60 g de flocons d'avoine

45 g de purée d'amande

40 g de sucre complet

1 cuil. à café de cannelle

❶ Préchauffez le four à 180 °C (th. 6). Épluchez et coupez les pommes en morceaux.

❷ Poêlez les pommes 5 min avec la cannelle, sans matière grasse.

❸ Mélangez le sucre avec la purée d'amande et les flocons d'avoine. Faites une pâte sableuse.

❹ Versez les pommes dans un plat à gratin. Recouvrez de pâte. Enfournez pour 20 min.

Gratin d'ananas et fruits de la Passion

PRÉPARATION : **10 MINUTES**
CUISSON : **5 MINUTES**

×**4**

LISTE DE COURSES

1 ananas

4 fruits de la Passion

2 jaunes d'œufs

40 g de sucre

130 g de fromage blanc

❶ Dans un saladier, mélangez les jaunes d'œufs, le sucre et le fromage blanc.

❷ Épluchez et coupez l'ananas en lamelles. Coupez les fruits de la Passion en deux et récupérez la pulpe.

❸ Versez la préparation dans un plat à gratin beurré. Ajoutez les morceaux d'ananas et la pulpe de fruits de la Passion.

❹ Faites gratiner 5 min sous le gril du four.

Crème aux œufs au caramel

PRÉPARATION : **20 MINUTES**
CUISSON : **1 HEURE 10**
RÉFRIGÉRATION : **2 HEURES**

×6

LISTE DE COURSES

1 litre de lait demi-écrémé

200 g de sucre blanc

6 œufs

1 pincée de vanille en poudre

❶ Mettez la moitié du sucre et 2 cuil. à soupe d'eau dans une casserole, laissez caraméliser, puis versez dans des ramequins.

❷ Préchauffez le four à 130 °C (th. 4). Fouettez les œufs et le reste de sucre.

❸ Versez le lait dans une casserole avec la vanille et portez à ébullition.

❹ Mélangez les deux préparations, puis versez sur le caramel. Enfournez pour 1 heure, laissez refroidir puis placez 2 heures au frais.

Gratin de figues et cerises

PRÉPARATION : **10 MINUTES**
CUISSON : **20 MINUTES**

×4

LISTE DE COURSES

6 figues

20 cerises

2 jaunes d'œufs

50 g de sucre

50 g de fromage frais

20 cl de crème liquide

❶ Préchauffez le four à 180 °C (th. 6).

❷ Rincez et coupez les figues en quatre.

❸ Dans un saladier, mélangez les jaunes d'œufs, le sucre, le fromage frais et la crème liquide.

❹ Versez la préparation dans un plat à gratin beurré. Disposez les quartiers de figue et les cerises. Enfournez pour 20 min.

Fondant aux poires et chocolat praliné

PRÉPARATION : **10 MINUTES**
CUISSON : **20 MINUTES**

×4

LISTE DE COURSES

2 poires

200 g de chocolat praliné

150 g de beurre demi-sel

4 œufs

150 g de sucre roux

80 g de farine

❶ Préchauffez le four à 200 °C (th. 7). Pelez et coupez les poires en morceaux.

❷ Cassez le chocolat en morceaux et faites-le fondre avec le beurre au micro-ondes.

❸ Fouettez les œufs avec le sucre et ajoutez la farine, puis le chocolat fondu. Mélangez.

❹ Beurrez un moule à gâteau, ajoutez les poires, versez la préparation par-dessus et enfournez pour 18 minutes.

Gratin de fruits rouges aux spéculoos

PRÉPARATION : **10 MINUTES**
CUISSON : **8 MINUTES**

× 4

LISTE DE COURSES

400 g de fruits rouges mélangés

4 jaunes d'œufs

60 g de sucre

1 sachet de sucre vanillé

25 cl de crème liquide

4 spéculoos

❶ Dans une casserole, fouettez les jaunes d'œufs avec les 2 sucres pendant 2 min.

❷ Placez la casserole sur feu doux. Versez la crème liquide tout en fouettant 5 min, jusqu'à ce que le mélange épaississe.

❸ Étalez la crème dans un plat à gratin beurré. Disposez les fruits rouges dessus et parsemez de spéculoos émiettés. Faites dorer 3 min sous le gril du four.

Banana bread

PRÉPARATION : **15 MINUTES**
CUISSON : **30 MINUTES**

×4

LISTE DE COURSES

180 g de farine de sarrasin

2 bananes bien mûres

2 œufs

60 g de sucre complet

1 cuil. à soupe d'huile de noisette

1 sachet de levure chimique sans gluten

❶ Préchauffez le four à 180 °C (th. 6). Dans un saladier, mélangez la farine, le sucre et la levure.

❷ Écrasez les bananes à la fourchette et ajoutez-les à la préparation. Incorporez les œufs et l'huile et mélangez.

❸ Versez dans un moule à cake et enfournez pour 30 min.

Gratin d'oranges à la pâte choco-noisettes

PRÉPARATION : **10 MINUTES**
CUISSON : **10 MINUTES**

×**6**

LISTE DE COURSES

6 oranges

6 cuil. à café de pâte à tartiner choco-noisettes

3 jaunes d'œufs

75 g de sucre

35 cl de crème liquide

❶ Préchauffez le four à 200 °C (th. 6-7).

❷ Pelez les oranges et coupez-les en quartiers en veillant à bien retirer les membranes blanches qui les entourent.

❸ Dans un saladier, mélangez les jaunes d'œufs, le sucre et la crème liquide.

❹ Versez la préparation dans un plat à gratin beurré. Disposez les suprêmes d'orange et décorez de pâte à tartiner. Enfournez pour 10 min.

Gratin de pamplemousses

PRÉPARATION : **20 MINUTES**
CUISSON : **20 MINUTES**

×6

LISTE DE COURSES

3 pamplemousses

3 œufs

150 g de sucre

30 cl de lait

1 cuil. à. soupe de fécule de maïs

le jus d'1 orange

❶ Préchauffez le four à 180 °C (th. 6).

❷ Dans un saladier, mélangez successivement les œufs avec le sucre, puis le lait, la fécule de maïs et le jus d'orange.

❸ Pelez les pamplemousses et récupérez les quartiers à vif en retirant complètement les peaux blanches.

❹ Disposez les suprêmes de pamplemousse dans le fond d'un plat. Versez la préparation dessus. Enfournez pour 20 min.

Pêche Melba gratinée

PRÉPARATION : **10 MINUTES**
CUISSON : **5 MINUTES**

×6

LISTE DE COURSES

4 pêches

100 g de framboises

4 jaunes d'œufs

75 g de sucre

75 g de fromage frais

75 g de crème fraîche épaisse

❶ Dans un saladier, mélangez les jaunes d'œufs, le sucre, le fromage frais et la crème fraîche.

❷ Lavez et coupez les pêches en morceaux.

❸ Versez la préparation dans un plat à gratin beurré. Ajoutez les morceaux de pêche ainsi que les framboises.

❹ Faites gratiner 5 min sous le gril du four.

Cœurs coulants au caramel

PRÉPARATION : **10 MINUTES**
CUISSON : **20 MINUTES**

×6

LISTE DE COURSES

200 g de sucre

120 g de beurre demi-sel

10 cl de crème fleurette

5 œufs

150 g de farine

❶ Préchauffez le four à 180 °C (th. 6). Beurrez 6 moules à muffins.

❷ Faites chauffer le sucre dans une casserole sans remuer et ajoutez le beurre, puis la crème une fois que le caramel est formé.

❸ Laissez tiédir, puis incorporez les œufs et la farine et mélangez.

❹ Remplissez les moules aux trois quarts et enfournez pour 8 minutes.

Far breton

PRÉPARATION : **10 MINUTES**
CUISSON : **40 MINUTES**

×6

LISTE DE COURSES

200 g de farine

3 œufs

150 g de sucre

75 cl de lait entier

12 pruneaux

1 cuil. à café de rhum

❶ Préchauffez le four à 200 °C (th. 7). Fouettez les œufs avec le sucre jusqu'à obtenir une pâte lisse.

❷ Ajoutez la farine, le lait, une pincée de sel et le rhum.

❸ Beurrez un plat avec du beurre salé et répartissez les pruneaux dans le fond.

❹ Versez la préparation sur les pruneaux et enfournez pour 40 minutes. Laissez refroidir avant de servir.

Biscuits de flocons d'avoine à la banane

PRÉPARATION : **5 MINUTES**
CUISSON : **15 MINUTES**

×6

LISTE DE COURSES

3 bananes

200 g de flocons d'avoine

50 g de cranberries

1 cuil. à soupe de graines de courge

❶ Préchauffez le four à 180 °C (th. 6). Écrasez les bananes et ajoutez les autres ingrédients.

❷ Déposez de petits tas de pâte sur une plaque recouverte de papier sulfurisé.

❸ Enfournez pour 15 minutes. Laissez refroidir avant de déguster.

Granola maison

PRÉPARATION : **15 MINUTES**
CUISSON : **10 MINUTES**

×4

LISTE DE COURSES

30 g de riz soufflé

50 g de flocons d'avoine

50 g de noisettes

2 cuil. à soupe d'huile de noisettes

2 cuil. à soupe de miel

50 g de chocolat noir

❶ Préchauffez le four à 250 °C (th. 8/9).

❷ Hachez les noisettes et mélangez-les avec le riz soufflé et les flocons d'avoine dans un grand saladier. Ajoutez l'huile et le miel.

❸ Enfournez pour 10 minutes en mélangeant à mi-cuisson. Laissez refroidir, puis ajoutez le chocolat détaillé en petites pépites.

❹ Ce granola se conserve 2 semaines dans une boîte hermétique.

LA PARTIE DES DIX

Les 10 ingrédients indispensables

Des légumes surgelés découpés
pour réaliser des poêlées toutes simples et équilibrées

Des pâtes cuisson rapide
prêtes en 3 min, un record !

Des morceaux de viande prédécoupés
Demandez-les à votre boucher, ils cuiront plus rapidement.

Des herbes surgelées
Quand vous achetez des herbes fraîches, lavez et séchez-les, puis ciselez-les et conservez-les au congélateur dans de petits sachets.

Des fruits au sirop
pour réaliser des desserts à l'assiette
en quelques minutes

Du riz et/ou des lentilles déjà cuit(es)
En bocal, sachet ou surgelé, on en trouve
aujourd'hui de bonne qualité.

De jeunes pousses d'épinards
un super produit qui peut se déguster
froid comme chaud

Du poisson en conserve
sardines, thon, maquereau...

Des tomates cerises
pour apporter un peu de fraîcheur
à vos plats

Des œufs
à choisir « de plein air »
de préférence

Les 10 choses à retenir pour cuisiner express

❶ Ayez une cuisine bien rangée et bien organisée pour ne pas perdre de temps à chercher un ustensile qui ne serait pas à sa place. Rangez aussi au fur et à mesure votre plan de travail pour rester zen.

❷ Vérifiez que vous avez le matériel nécessaire avant de réaliser une recette. Au minimum, un gros et un petit couteaux bien aiguisés, un économe, un batteur et une petite balance.

❸ Sortez les ingrédients du placard ou du réfrigérateur (et préparez-les si besoin) en une seule fois avant de commencer la recette.

❹ Anticipez. Réfléchissez à votre menu à l'avance et lisez bien les différentes étapes de la réalisation des plats.

❺ Faites des courses efficaces en organisant votre liste sur 3 colonnes : les produits frais (laitages, viandes, poissons…), les fruits et légumes, et l'épicerie. Cela vous évitera de tourner en rond dans le supermarché.

❻ Vous trouverez au rayon surgelés de nombreux légumes lavés, épluchés, précuits ou émincés qui vous éviteront des manipulations fastidieuses.

❼ Pensez au « tout cru » : les tartares, carpaccios, crudités et fruits frais sont vos alliés !

❽ Cuisinez en pleine conscience, faites le vide et concentrez-vous sur votre recette pour être plus efficace.

❾ Recyclez vos restes : vous avez déjà là une bonne base, à agrémenter rapidement d'une salade verte ou composée, de quelques pâtes cuisson rapide, etc. Les restes peuvent aussi souvent servir de garniture à une tarte ou un cake.

❿ Préparez une vinaigrette à l'avance sur la base de 3 cuil. à soupe d'huile pour 1 cuil. à soupe de vinaigre, aromatisez-la selon vos préférences (pointe de miel, de sauce soja, d'herbes ciselées, de moutarde…) et conservez-la au réfrigérateur 1 semaine dans un bocal.

INDEX DES RECETTES

[T]ABLE DES RECETTES